市場と文化・芸術を巡る物語
文化経済学講義

芸術性と市場性の相剋

塩田眞典

22世紀アート

受講上の注意点

受講する際は、筆記具、ノートを持参すること。

はじめに

本書は筆者が以前、大阪商業大学において担当していた《文化経済学》の講義ノートをもとに著したものであります。その際、使用したテキストは拙書『「見えざる手」の痕跡を求めて』（２０２１年）でありますが、３００ページを越えるボリュームゆえ講義にその全てを反映させることは無理と判断し、抜粋版を作製した次第です。それが本書のプロトタイプとなりました。ただし、受講された学生諸君ならお分かりと思われますが、講義は私の気まぐれゆえ常に脱線気味、つまらないジョークで学生の失笑を招くこともしばしばでありました。しかしそれでも楽しんでくれた学生も居た模様であります。

そういったわけで、講義の雰囲気を感じていただくため、あえてジョークや小話の類も挿入した次第であります。楽しんでいただければ筆者にとって望外の幸せであります。

目次

文化経済学講義録ｐａｒｔⅢ

文化経済学講義録ｐａｒｔⅠ

文化経済学講義1

「バロック」という概念に関する予備的考察

「バロック」とは、ヨーロッパにおける16世紀後半から18世紀中葉に至る時代の様式概念、この概念は美術、建築、音楽、文学までをも包括するものである。これについて包括的に語ろうとすれば、一冊の書物を要するが、ここでは簡単な説明で終えよう。本来のバロックという言葉は、ポルトガル語ないしスペイン語の歪んだ真珠を意味する「バローコ」に由来する。バロックと対立する概念は古典（クラシック）である。古典は均斉かつシンプル、静態的な表現様式を指す。それに対し、バロックとは、一言でいえば過剰美の表現様式を指す。バロック芸術にあっては、動態的（ダイナミック）な表現形態で、色彩過剰、演技過剰（オーヴァーアクション）、装飾過剰、ストーリーが複雑に入り乱れ繁茂する世界が展開される。

バロックは時の最高権力者（例えばルイ14世のような）が己の権力を誇示するときに活用される様式なのである。彼らは、金ぴか趣味を装いドーダ恐れ入ったか、下々の者共よ！　我を崇めよ、といった次第で、絶対的な権威を誇示しつつ君臨する。

本来バロックはヨーロッパで生まれた概念であるが、それはまた、広義にはいずれの時代、地域にも当てはまる。例えば、織田信長や豊臣秀吉が君臨した安土桃山時代、彼ら絶対権力者たちが好んだ文化はバロック的なものであった。安土城、黄金の茶室等、さらに徳川家康の霊廟（日光東照宮）もジャパニーズ・バロックの建築物である。それに対し、桂離宮などは古典様式の建築物である。

茶人の千利休は古典の美学、しかもそれを究めたミニマリズムの美学の持ち主であった。それゆえ、秀吉と対立することになる（「朝顔」の一件などその典型である）。

バロックと古典、それを流行の形態（たとえばファッション等）と捉えた場合、それらは繰り返し現れる。普通、景気が良ければバロック的なものがもてはやされるが、やがてそれも飽きられ古典に回帰する。しかしやがて再び・・・という次第。庭の木々を放置すると枝が繁茂しバロック、刈り込むと古典、といった風に考えれば、ちょっと乱暴な譬えではあるが分かりやすいのではないか。

文化経済学講義2

文化経済学の基本テーマと基本概念

一般的に文化・芸術といっても幅広いので、この講義では高踏的な文化・芸術に議論を限定したい。本講義の基本テーマは文化・芸術と市場経済との遭遇（出会い）というところにある。分かりやすくいえば、高踏的な文化・芸術がビジネスの世界に取り込まれると、どのような事態が生じるのか？　といったことを考察する。可能性としては、一方の極に一般市民層の趣味の洗練、教化、といった事態が、他方の極に芸術の俗化、大衆化、芸能化、つまり「商業主義に堕する」という事態が指摘できよう。またその中間に、様々な事態が想定されよう。

ところで、芸術至上主義者たち、政治的に左派に近い人たちは、芸術がビジネスと交わると、常に商業主義に堕すると主張するのだが、またそう言いたい気持ちもよく分かるのだが、はたして事実であるのか。作品が商品化されるのは常に悪い事態だ、ということを意味するのか？　これも本講義の検討課題である。（「作品が商品化される」とは、汚れ無き乙女が娼婦に堕することなのか？　では、純潔を守るとは、そのまま売れ残って老嬢となってしまうことなのか？）

どのような事態が出来するのかを決定付ける要因が存在する。それは文化・芸術を取り扱う企業者という要因である。そのような企業者を「文化企業者」と呼ぼう。文化企業者が本講義の基本概念である。彼が取り扱っている芸術分野に対し、彼が抱いている芸術観、哲学、理念によってその方向が決定付けられるから。（例えば岩波文庫なら、文庫の最後のページに岩波茂雄による「読書子に寄す」という一文が掲載されていますよね。あれですよ。）

文化・芸術性ばかりを追求すると、ウケない、売れない、倒産、夜逃げだ、といった事態に至る。逆に市場性ばかりを追求すると、恥じや、節操がないといわれるわけで商業主義に堕することになる。さあ、どうしよう？　市場性と芸術性との間でいかにバランスをとるのか？　これが文化企業者の仕事である。

より具体的に述べてみる。たとえば以前であれば、王侯貴族の庇護の下にあった特定の文化・芸術分野、オペラ、バレエ、宮廷料理等が、何らかの事情で、その庇護から離れ市場と遭遇するとき何が起こるか？

オペラやバレエであれば興行の採算を、宮廷料理であれば高級レストランの採算を当然考えなければならないであろう。オペラやバレエの制作者、料理人たちも王侯貴族の庇護下にある場合なら、採算は度外視、コスト計算などとは無縁でいられ、ひたすら文化・芸術性を追求しておればよかった。しかし今やそうはいかない。彼らは劇場やレストランにやってくる客たちの好みと財布の中身をよくよく熟慮しながら事に当たらねばならない。当然、中身は変質を迫られるであろう。どう変質するのか？　それが本講義の検討課題である。

文化経済学講義３

文化経済学のための市場理論と企業者論

市場経済とのかかわりで文化現象を考察する場合、その背後にどの様な市場理論を想定すべきか？新古典派の市場理論（諸君が今習っている理論のこと）は使い物になるだろうか？　残念ながらそのままでは使えません。ちょっと難しいのだが、その理由を以下に挙げておく。

理由①新古典派経済学は高度に専門化、抽象化されすぎているため、経済活動が営まれている現実の社会（つまりＦ．Ａ．ハイエクいうところの「現場」）から乖離してしまい、その中に文化現象という具体的な営みを組み込めない。文化現象を抽象化してしまえば、それらはたんに生産要素や生産物、ＸやＹになってしまうではないか。ベートーヴェンの作品がＸやＹに還元され、その効果が経済分析されることで何らかの知見を得ることはできよう。それは応用ミクロの経済理論だが、はっきり言って、文化的な経済理論ではない。

理由②美学、芸術学の分野でも専門化、抽象化が進行し、それらはやはり現実の社会から乖離してしまっている。

といった次第で、経済学と美学という二つの分野はそのままでは融合できないということになる。どうすればよいのか？

結論からいえば、経済活動、文化活動ともにそれらが営まれている「現場」に戻すことによって融合が可能となる。つまり、理論の抽象度を下げ、具体的な現実の方向に降りてくることが肝要となる。経済活動も文化活動も現実には特定の時代・地域・社会の中で営まれているわけだから、われわれが取り扱うのはこの特定の時代の（具体的な）地域社会に組み込まれた市場経済となる。ベートーヴェンの場合であれば、18世紀後半から19世紀前半にかけての、ウィーンという都市における音楽市場ということになろう。これは正に歴史的観点からとらえた市場経済、そのような具体的な市場経済の中でビジネスと芸術が遭遇することになる。

手掛かりとして、特定の芸術作品（例えば絵画　ドガの踊り子）を考察してみようか。（図版参照）この絵画では、踊り子は絵画の中心に描かれてはおらず、やや右手に位置している。その左側に舞台の床が広がっている、なぜか？　なぜフレームワークの中央に描かないのか？

まず、エドガー・ドガという画家は、踊り子やサーカスの芸人、競馬場における競走馬等々、動く動物や身体を描くことに腐心した画家であることに着目しよう。絵画において動きを感じさせる手法の一つとして、構図の工夫がある。踊り子を中央に置かず、あえて右側に描くことによって、鑑賞者はこの踊り子が次の瞬間どの位置に移動するか、あるいは直前どの位置に居たのかを頭の中でつい想像してしまう。逆に、フレームワーク中央に描いてしまうと、画面が安定するため、そのような想像が働かなくなってしまう。つまり構図の不安定性が動きを醸し出すという次第。この手法は写真にも応用できるのではないか。

次、踊り子が身に着けている衣装に着目してみる。全体的には地味な中間色の中で、赤が少量ながら華やかな効果を醸し出している。

以上に述べた項目は純美学的観点からの見解である。次に、若干異なった観点から問題点をあげてみる。絵画のやや上方、舞台装置の隙間から次の出番を待つ踊り子たちが見える。その左方に黒い服を着た男が佇んでいる。顔は見えないが彼は何者だ？

消息通によると、彼はいま舞台で踊っている女性の「保護者」であるらしい。（保護者といっても、お父さんのことではありません。）ここでいう保護者とは、援助交際してくれるオジサン（オジサンのことである。この絵画が描かれたのは１８７６～７年頃である。この時代フランスではオジサン（オジサンといっても金持ちオジサンに限りますが）にとっては、こんな美味しい制度があったのですね。こういったオジサン連中のことを「ジョッキークラブ」のメンバーという。ジョッキークラブといっても競馬の騎手の親睦会のことではありませんよ。ジョッキークラブとは、競走馬のオーナー、あるいはオーナーになれるほどの財力を有し、かつオペラ・ハウス（この場合、パリ・オペラ座のことですが）の桟敷席のオーナーである人たちの親睦会のことである。彼らの特権は、オペラ・ハウスの踊り子の楽屋に自由に出入りできることである。それなら踊り子との交渉は楽ですね。「どや？　メイド付きの部屋、買うたるで、馬車で送り迎えしたるで」などといった会話が交わされたのでしょうか？　表現はもっと上品かもしれませんが、内容はまあそんなもんでありましょう。かくして、彼らの社交生活は、昼間は競馬場、夜はオペラ・ハウス、その後は・・・？　といった次第。

この時代、ダンサーたちは（ダンサーといってもこの場合、女性に限りますが）、なぜ援助交際の申し出に、全員ではないにせよ、応じてしまうのか？　いまだ身分制度が根強く残ってはいても、バレエの世界は他の芸術ジャンルと同様、能力主義が貫徹されている。貧富の差にかかわりなく才能があればプロのダンサーとして採用される機会が開けているわけ。しかもバレエの場合、他の芸術ジャンルよりスポーツに近い性質を備えている、いわゆるハングリー精神があれば伸し上がれるわけです。というわけで、家は貧しくてもスタイルが良く運動能力に長けた野心的な女性であれば、バレエという世界に参入できる。つまりこの世界は貧しい出自の女性が比較的多く存在する。これが援助交際というサービスへの潜在的なニーズ（需要）を構成することになる。需要と供給の世界、これが絵画の背後に広がっている世界なのである。

もう一つ、この絵画がはらむ問題点を指摘しておこう。これはどこから見た絵画であるのか？　平土間からではないようだ。斜め上方から見下ろした構図のようだ。どうやら桟敷席それも二階舞台脇の席からのものであるようだ。この席はかなり高位の身分の人物が座る席であり、俗に地獄の桟敷席ともいわれている。つまりジョッキークラブの面々が踊り子の品定めをする席でもある訳ですね。（かつてスターリン統治下のモスクワ、ボリショイ歌劇場では、この桟敷席はスターリン専用であったらしい。暗殺を恐れたスターリンはカーテンを閉め、その隙間からオペラを鑑賞したらしい。演ずる側もさぞ恐ろしかったことでしょうね。）

パリ・オペラ座のみならず、ヨーロッパ諸国でよく見かける馬蹄形のオペラ・ハウスの構造は階級社会の存在を反映している。平土間は比較的富裕な音楽愛好家や評論家たちの座る席、二階桟敷席は王侯貴族や大ブルジョワ、３、４、５階と上がるにつれて、今のマンションとは逆にランクは下がり値段は安くなる。最上階、５階は昔は貧乏貴族の桟敷席であったが、金払いの悪い貧乏貴族を相手にするよりも音楽好きの庶民を相手にする方が得と考え、桟敷席を撤去し立見席として低料金で庶民に開放する。映画『天井桟敷の人々』で知られる天井桟敷席である。天井桟敷席が設けられた経緯についての詳細は６回目の講義にて行う予定。

ところで、この絵画の作者Ｅ．ドガはどのような人物であったのか？　彼は2階の特別な桟敷席に出入りし、この絵画を描いた。踊り子の楽屋に入り、練習風景をスケッチし、多数の絵画を残している。競馬場の情景も絵画に描いている。オペラ・ハウスの桟敷席、踊り子の楽屋、そして競馬場、彼が出入りする場所はすべてジョッキークラブのメンバーたちがたむろする所でもある。ということは・・・？そう！　彼も金持ちオジサンであったのだ。それもそのはず、１８３４年パリで銀行家の息子として生まれている。絵が売れなくても悠々と生きてゆけた人物なのだ。そういう人物の眼が捉えた情景、それがこの絵画なのである。

この絵画から判明することは、私の知見の及ぶ限りでは、以上である。一枚の絵画は「窓」だと思えばよい。その「窓」をくぐり抜けると、その絵が描かれた時代に降り立つ。（映画《ナイトミュージアム》（２００６年）に一枚の写真をくぐり抜け、その時代に降り立つシーンがありましたよね。それですよ。）

市場経済学についての抽象的な議論に話を戻す。通常、「市場」という社会制度の利点として、以下の2点を挙げることができよう。

① 市場で競争することによって、効率的な資源配分が達成される。

② 市場で競争することによって、人々の創造性が刺激され、「新しいもの」が生み出される。つまり市場は企業者精神を育む場を提供する。

以上2点の内、新古典派は①のみに軸足がかかる。その結果、効率性偏重の経済学が出現する。しかし、この講義では②に軸足を置く。そうすることによって、新古典派経済学では視えなかった様々な現象、新しい文化・芸術の出現、進化発展、多様化といった（単なる量的な変化ではない）質的な現象を理解できるようになる。ただし文化経済学も経済学であることに変わりはないから、そこで取り扱われるのは「需要と供給の世界」である。どのような作品をどのような人々が創造（生産?）し、それをどのような人々が享受（消費?）するのか? その両者をどのような人々が仲介するのか? これらがこの講義での検討課題である。

文化経済学の市場理論については以上、次いで企業者論に議論を移そう。

新しい文化・芸術の創造もその領域における企業者精神の発露と捉えることができよう。企業者精神といえば、Ｊ．Ａ．シュンペーターの理論が挙げられよう。では、シュンペーターの理論は文化経済学に応用可能か？

彼の『経済発展の理論』の要旨をさらってみよう。シュンペーターは経済を発展させる原動力を企業者の活動（イノヴェーションを断行すること）に求める。イノヴェーションの具体例として以下の５項目を挙げている。

①　新しい製品やサービスの開発。

②　新しい生産方法の導入。

③　原材料やエネルギーの新たな供給源の開拓。

④　新しい販路の開拓（市場創造）。

⑤　新しい産業組織の確立（産業組織再編成）。

ただし、これら5項目は重複することもある。例えば、ヘンリー・フォードはベルトコンベア・システムを導入することで成功を勝ち得た。これは②に該当する。だが成功を勝ち得ることによって自動車王として業界に君臨することとなる。これは⑤に該当する。さらに、彼の創った自動車は低価格で普通のサラリーマンや労働者にも入手可能な実用車なのである。従来の手作り一品生産の工芸品的な高級車とは、同じ車でも意味が異なる。つまり、消費者にとって意味が、イメージが、異なる。フォードの自動車は、消費者の視点からは、新製品なのである。これは①に該当する。

シュンペーターは少数のエリート企業者によるイノヴェーションの断行こそが経済発展の原動力だと捉える。イノヴェーションによって市場に衝撃を与える。企業者の活動とは、静かな池に大きな石を投げこむようなものだ。大きな波紋が起こる。それがイノヴェーションなのだ。企業者とは、既存の体制に属する人々にとっては、とても困ったお騒がせ人間なのだ。その結果、彼は超過利潤を稼ぐ。その利潤に惹かれ多くの追随者が市場に参入、競争が激化し、徐々に利潤が刈り取られ（価格が下がり、コストが上昇することにより利潤は低下）、定常状態（採算ぎりぎりのライン）に落ち着く。だが、先行者の独占的な地位も永続しえない。「ホテルの上層階の部屋（ヴィップ・ルーム）は常に存在するが、そこに泊まる人は入れ替わる」とシュンペーターがいみじくも喝破したように。これで一サイクルが完了。こういった現象が断続的に様々な業界で繰り返されることによって、経済発展が達成される。彼の理論を単純化し、図式化するとこうなる。

定常状態↓少数の企業者によるイノヴェーションの断行↓超過利潤の発生↓多数の追随者による市場参

入→競争の激化（価格低下、コスト上昇）＝超過利潤の低下→定常状態

ここに、最初の定常状態と最後の定常状態とでは質が異なることに注意。最初のそれは、一部の金持ち用の高級車のみからなる小さな自動車市場、最後のは、モータリゼーション完了後の巨大な自動車市場である。

このようなシュンペーターの理論は、それなりにある程度の説得力を有するようだが、何かが気になり、引っかかる。その何か、違和感を次回の講義で検討する。

文化経済学講義4
エジソンのフォノグラフと市場経済

J．A．シュンペーターの企業者論では、イノヴェーションの担い手は少数のエリート企業者のみに限定されている。イノヴェーション断行後のプロセスは多数の追随者による模倣競争に終始する。そこにあって、創造的行為が介在する余地は全く残されていない。これはまるで出来の悪いオペラの舞台のようだ。舞台では、まず少数のヒーローやヒロインが魅力的なアリアを歌い、その後その他大勢の合唱団が、そうだ！　そうだ！　と唱和する。二流の音楽劇や小学生の学芸会ならそれで良いのだが、そのような成り行きは、現実の市場経済の営みとは相容れない。先行者だけではなく追随者たちにも創造的行為を行う余地は残されているはずだ。競争プロセスこそが創造性を育むという側面がシュンペーターの理論には欠落している。

たしかに、シュンペーターが企業者を持ち上げる理由はよく分かる。彼が『経済発展の理論』を著した時代（20世紀前半）、現実の社会においては、市場独占化が進行し、巨大独占企業はやりたい放題、労働者階級は低賃金、長時間労働を強いられ、収奪される。他方、知識人たちはこのような現状を憂い、社会主義的な思想に共鳴する。この時代に伸し上がった企業者たちは、きっと何か悪いことをして儲けたに違いないと疑惑の目で見られがちであった。しかし、クールな頭脳の持ち主シュンペーターは考える。彼ら企業者の働きがあればこそ、資本主義市場経済は曲がりなりにも発展してきたのである、と。

しかし私はこう考える。シュンペーターの企業者擁護は、ちょっと贔屓の引き倒しになっているのでは？　と。


シュンペーター理論がはらむこのような問題点について考える手立てとして、T．A．エジソンの発明したフォノグラフを反証事例として取り上げてみる。

１８７７年、エジソン、フォノグラフを発明、翌年特許を取得する。同年、シャルル・クロ（フランス）も同様の構想で特許申請を試みるも、エジソンに先んじられる。しかし、フランスでは今でもクロが「蓄音機」の発明者であるとみなされているようだ。

フォノグラフは音声を記録・再生できる機械である。１８７６年、アレクサンダー・グラハム・ベルが発明した電話機が音声を空間伝送する機械であるのに対し、フォノグラフは音声を時間伝送する機械である。（機械の構造については、テキスト、16~7ページ、参照。）ところで、音声を記録・再生できたからといって、どうしたというのだ？　どんな役に立つというのかね？　電話機に関してはかなりの社会的ニーズがあったようだ。とりわけ鉄道会社（列車強盗、単線による衝突事故等々への対策）とか証券会社（投機や裁定取引）において。しかしどうやら、フォノグラフに関しては、「必要は発明の母」ではなかったらしい。なぜか出現してしまったフォノグラフ、しかしその出現の背後には二つの文脈がある。それは、①文化史的な文脈、②科学史的な文脈、である。

まずは①、文化史的文脈から。19世紀、文学の世界では人造人間を取り扱った小説が出現する。例えば、シェリー夫人の『フランケンシュタイン』（1818年）、そこでは少々頭の狂った科学者が醜怪な人造人間を創り出す。E．T．A．ホフマンの小説『砂男』にはやはり歌ったり踊ったりする人造人間（オリンピア）が登場する。これもまた、頭の狂った天才科学者コッペリウスの産物だ。この人造人間は、J．オッフェンバックのオペラ《ホフマン物語》にも主人公ホフマンを魅了する人形オランピアとして登場する。歌う機械に恋するホフマン、彼は元祖オーディオ・マニアかもしれないな？　多分、人造人間をテーマにした小説の類はそれ以前にも多数存在したと思われるが、ここで取り上げた事例はすべて魔術などではなく近代科学の産物としての人造人間である。科学が急速に発達しつつあったその時代、いずれ科学者は人間のように話し歌う機械を生み出すのではという期待、危惧を多くの人々は抱いていたのではなかったか？　その意味で、フォノグラフはそのような期待（実用的な期待ではないにせよ）に応えて出現したのである。

科学史的文脈②ではどうか？　音とは空気の振動であり、空気の振動が物質（鼓膜）の振動を通して脳に伝達されることで音として知覚される。また、音を物質の振動に変換し記録することはレオン・スコットのフォノートグラフ（この機械の詳細については、テキスト、15ページ、参照）によって１８５７年に実現されていた。これらは当時科学的に既知であった事項である。音が記録できるのであれば、その音の痕跡を何らかの手段で辿ることによって原音を復元・再生できるのではとの思いに至る人が複数名居たとしても不思議ではなかろう。エジソン、クロ以外にも居たのではないか？　かくして、当時の科学史的な文脈においては、フォノグラフは出るべくして出た、といえよう。

本講義の検討課題を以下で述べておく。

「エジソンは今日われわれが音楽鑑賞用として使っているオーディオ装置のプロトタイプを発明したのか？」

オーディオ装置の歴史を遡ると音楽ソフトの形態は、ｉＰｏｄ↓ＣＤ↓ＬＰ↓ＳＰ↓シリンダー、となる。起点はエジソンのシリンダー型録音・再生装置フォノグラフとなる。これは今日から見た過去の経緯である。時を１８７７年に戻してみる。当時エジソンは何を思っていたのか？　フォノグラフがその後に辿る経路は、エジソンの脳内にはいまだ去来してはいないはずである。ちなみに、発明した当初、彼はこの機械の用途として以下の10項目を挙げている。

①速記者の代用機器　②視力障害者用の書籍　③雄弁術教育用機器　④音楽の記録・再生用機器　⑤家庭向けの記録・再生用機器　⑥お喋り人形のような玩具　⑦声による時報器　⑧偉人の言葉の記録・保存・再生用機器　⑨教育用機器　⑩電話メッセージの保存用機器

さすがエジソン！　彼の未来予知能力はすごい。これらはすべてフォノグラフに端を発する様々な機械によって実現されているわけであるから。しかし、これも真相の一面にすぎないのではないか？　もう一つの見方もある。エジソン研究者の名和小太郎は次のように述べている。「たくさんの応用例を列記したということは、むしろエジソンが「これだ」という成算を持てなかったことを暗示している」と。

それでも実用主義者エジソンとしては、発明してしまったこの機械を何としても商品化しなければならない。しかし、エジソンが掲げた10項目の中、音楽鑑賞用機器のウエイトは十分の一に過ぎない。どうやら教育・研究用、事務用機器として販売したかったらしい。彼としては家庭向けの娯楽用機器、つまり消費財としてではなく、企業等法人に向けての資本財として売りたかったようだ。それがエジソンの基本的なポリシーなのである。

しかしながら、商品としての完成度はいまだ低く、会社は興したものの、エジソンのフォノグラフに対する興味は急速に薄れ、会社は休眠状態に陥る。彼の関心は次の発明（白熱灯）へと移る。この時点でエジソンはフォノグラフを一旦投げ出している。逆に、エジソンが投げ出したフォノグラフの可能性に着目したのは、エジソンのライヴァルたち、A．G．ベル、彼の従弟C．C．ベル、ドイツ系移民のエミール・ベルリナーたちであった。なるほどエジソンは、最初市場に画期的新製品を投げ入れた企業者、つまりシュンペーター的企業者であったが、彼がその意味、意義に気付いていたわけではなく、超過利潤を稼いでもいなかった。彼のような天才的発明家にして、これが現実なのだ。

後発組の人たちはフォノグラフの欠陥を改良し製品としての完成度を高め、市場開拓を試みる。とりわけベルリナーは、ディスク型の録音・再生機を発明し、グラモフォンと名付け特許を取得する。このことがエジソンをいたく刺激し、録音・再生市場への復帰を促す。実用的な機械の発明家としてのプライドも復帰を促す。ここでの市場競争は合従連衡の繰り返しで複雑な様相を呈するが、この講義ではエジソンのシリンダー型対ベルリナーのディスク型の競争に焦点を絞りたい。以上二つの機器の技術面での比較検討は次回の講義にて行います。

文化経済学講義5

エジソンのフォノグラフと市場経済（2）

エジソンとライヴァルたちはどのような形で市場競争を繰り広げたのか？　何を巡って競争したのか？　「実用主義者」エジソンは音楽鑑賞用の娯楽機器としてではなく、あくまで事務用機器としての市場開拓を試みるが、彼の期待とは裏腹に、市場の大勢は娯楽機器のそれとして拓けてゆく。その場合、競争は以下の三つの局面で行われた。

①　価格競争（これはハードである蓄音機、ソフトであるレコード、その両側面での値下げ競争という形をとる。）

②　ハードの性能を巡る競争（これは技術開発競争であり、蓄音機の高性能化、ハイファイ化を巡る競争である。）

③　ソフトのコンテンツを巡る競争（いかに魅力的なコンテンツをレコードカタログに掲載できるかを競う。）

エジソンも市場の大勢には逆らえず、①③を配慮しつつも、その軸足を②に置く。技術的な性能さえ高ければ売れると考えたわけだ。（このような発想に取り付かれ、後年わが国の家電メーカーが同じ轍を踏むことになる。）結論からいえば、エジソンは市場競争でベルリナーに敗北を喫することになった。なぜか？

「エジソンの敗因分析」

発明家として名声の高いエジソンの下に多くのアーティスト（ラフマニノフのような高名な演奏家）が訪れ録音を試みるが、芸術家をあまり尊重しないエジソンの気質に嫌気がさし彼の下を去っていく。その結果、魅力的なアーティストの名がカタログから消失する。それに対し、ベルリナーは気難しい芸術家との交渉能力に長けた人物を雇い入れ、彼に交渉を委ねる。彼の名をフレッド・ガイスバーグという。彼は高名なオペラ歌手、ヴァイオリニスト、ピアニストたちとの交渉のため世界を駆け巡る。例えば、ロシアのオペラ歌手ヒョードル・シャリアピン（バス）、イタリアのオペラ歌手エンリコ・カルーソ（テノール）などがガイスバーグに説得され録音に応じる。当時彼らは世界的なスーパースターであった。（今日でいえば、マイケル・ジャクソンのような！）なぜオペラ歌手なんかが？　と思われるかもしれない。しかしこの時代、オペラが唯一のワールドワイド・ミュージックであった。なぜだ？　それは次回の講義にて説明します。

要するにガイスバーグは元祖レコードプロデューサーということになる。彼は来日し邦楽（邦楽といっても邦楽ポップスのことではありませんよ）のレコードも日本の市場向けに制作している。これらはすべて今日ではＣＤ化されているので聴取可能である。

音楽ソフトの大量生産という観点からすると、プレスが容易であるディスクの方がコスト面でシリンダーに勝る。エジソンがシリンダーにこだわった理由は音質面にある。線速度一定のシリンダーに対し、ディスクは内周にいくほど線速度が落ちる。つまり音質が劣化しやすい。しかし、エジソンも大勢には逆らえずディスク型蓄音機とソフトの販売に踏み切る。ただし、それらは競合する他社との互換性はない。他社のディスクは音溝が水平に刻まれているのに比しエジソンのディスクは垂直に刻まれている。エジソンのディスクは他社の蓄音機では再生できない。

はたして高性能で高価でもあるエジソンの蓄音機を当時の富裕層は買うであろうか？　当時の富裕層とは、要するに成金さんのことであり、彼らは常に高級文化・芸術にコンプレックスと憧れを抱くものである。それゆえ、音楽ソフトに魅力を欠く、つまり高級文化の香りがしないエジソン型は売れない。発明家としての能力ではエジソンに一歩譲るベルリナーであるが、彼にはエジソンにはない資質を有する。それは文化企業者としての資質である。「グラモフォンを普及させることによって、ヨーロッパ文化が生み出した優れた音楽芸術がアメリカの一般市民層に広く普及し、そのことによって素晴らしい文化的生活が実現するであろう」と。これがベルリナーの夢であり構想であった。彼はクラシック音楽の愛好家であったのだ。エジソンにとって音楽を聴くことは、犬の散歩や庭の芝刈りなどと同列の娯楽、暇つぶしの一種にすぎない。ベルリナーにとって優れた音楽を聴くことは崇高な行為であって、他の娯楽と同列とはみなし得ない。したがって、蓄音機は他の実用機とは異なった文化的商品なのである。これこそが文化企業者の志なのである。かくして、19世紀末から20世紀初頭にかけて、ヨーロッパが生み出した優れた音楽文化が蓄音機の在り方を変容させてしまう。ヨーロッパ文化のインパクトがグラモフォンを一種の楽器に変えてしまったわけである。

研究所において、何事も自分が関与しないと収まらないというエジソンのワンマン体質は、同時に複数の発明を可能にした。電話機の改良と電信装置の改良のように。電話機と電信装置の改良という二つの思考回路がエジソンの脳内でショート（短絡）し、スパーク（閃く）する。こうして蓄音機のアイデアが生まれる。ワンマン体質は発明家としての強みとなるが、この同じ体質が、蓄音機を商品として市場に普及させるに際しては、つまりマーケティング戦略では、足かせとなってしまう。

さらにもう一つ指摘しておかねばならない。それはエジソンが難聴という肉体上のハンディキャップを抱えていたという事実である。エジソン家のピアノには歯形がついている。エジソンはピアノに噛みついて音楽を聴いていたらしい。歯を通して音がエジソンの脳内に打ち込まれる。音とは物質の振動なのだ、このことをエジソンは自らの体でもって認識する。この認識が彼をフォノグラフの発明へと導く。

フォノグラフは音声を錫箔に描くのではなく打ち込む。そう、垂直動へのこだわりはここにある。肉体上のハンディキャップが発明家としてはプラスに作用する。だがここでも、発明家としての強みが、他社との互換性の無さというマーケティング戦略上の弱みを招く。結局、エジソンの発明家としての栄光と企業者としての蹉跌とは表裏一体であったのだ。

シュンペーターは述べている。まず少数の才能に恵まれた先行者が市場に画期的なものをもたらす。イノヴェーションが断行されたことになる。彼は超過利潤を稼ぐ。その法外な儲けに引き寄せられ、多くの追随者たちが市場に参入し、競争が激化する。その場合の競争とは模倣競争にすぎない。競争の果てに超過利潤は消失し一サイクルが終了する。

だが、エジソンの事例が示すように、最初市場に投げ入れられたもの（フォノグラフ）は完璧なものではなかった。投げ入れた当事者自身、その意味を明確に認識していたわけでもなかったらしい。つまり、今日いうところのオーディオ装置、そのプロトタイプを発明したという認識は希薄であった。しかも、エジソン自身超過利潤を稼いでもいない。やがてフォノグラフを巡っての市場競争が始まる。この場合、競争は模倣競争に終始したわけではない。その競争には創造的な側面が十分に含まれていたから。競争の果てに判明した事実、フォノグラフとはオーディオ装置のプロトタイプであるという事実、要するに市場競争とはこの事実を発見するプロセスであったわけである。

講義Ⅳで投げかけた検討課題「エジソンは、今日われわれが音楽鑑賞用として使っているオーディオ装置のプロトタイプを発明したのか？」に対する回答は、シュンペーターの理論のように明快なものではない。プロトタイプを発明した、これは後の歴史的経過を踏まえた上での後知恵にすぎない。ここには今日的視点から過去の事例を眺めた場合に陥りがちな誤謬が含まれている。エジソンがフォノグラフを発明した１８７７年に時を戻してみる。エジソンの前に開けている未来とはわれわれが熟知している年表的未来ではない。もっと茫漠としたものにすぎない。いかに天才エジソンとて、ＳＦ映画《バック・トゥー・ザ・フューチャー》に出てくる天才博士ではないのだから。

文化経済学講義録ｐａｒｔⅡ

文化経済学講義6

ルイ・ヴェロンの「パリ・オペラ座」改革とその顛末　その概要

講義Vでオペラ歌手の話が出た。オペラはエジソンが活躍した19世紀末から20世紀初頭にかけてワールドワイド・ミュージックであった。なぜそのような事態に至ったのか。本講義でその歴史的経緯を辿ってみよう。

とりあえず、時代を19世紀前半にまで遡ってみる。フランスでは七月革命の翌年、１８３１年、民間人であるルイ・ヴェロンが政府から請われて「パリ・オペラ座」の監督に就任する。なぜか？　それ以前の復古王政の時代であれば、「パリ・オペラ座」監督は名門貴族の名誉職的なポストであったが、慢性的な赤字体質が続いていた。「パリ・オペラ座」は、本来、数あるオペラ・ハウスの頂点に君臨する政府直轄のハウス、フランス文化の表看板であるがゆえに赤字体質もやむなし、というのが当時の一般認識であった。しかし、革命政府の面々は赤字には我慢がならない。なぜなら、革命政府を担っていた人たちは大ブルジョワ、有り体にいえば大銀行家たちであったから。銀行家は赤字が大キライという次第。そこで赤字体質を改善すべく、ルイ・ヴェロンの辣腕に期待したわけである。結論からいうと、ヴェロンはわずか3年余りでパリ・オペラ座を黒字体質に変革する。

本来オペラは王侯貴族の生み出した文化であった。しかし、フランス革命をきっかけに貴族階級は凋落しはじめ、それに代わって新興ブルジョワジーが台頭してきたのである。彼ら新興階級をオペラ・ハウスに取り込まなければならない。文化的教養はあってても金のない貴族階級ではなく、教養は無くても財力を有する新興階級の皆様、「ようこそいらっしゃい！」である。これに関してルイ・ヴェロンが打ち出した手立ては10回目の講義で具体的に説明する予定。その前にルイ・ヴェロンの人物像に触れておきたい。

彼は１７９８年、中産階級（文具商）の家庭に生まれる。家は比較的豊かだったのであろう、１８１６年、医学の勉強を始める。頭脳優秀であったのか、１８２１年、病院のインターン試験に首席で合格。１８２２年パリ大学にて医学博士号を取得する。以降、彼は医学の道を捨ててもヴェロン博士と名乗り続ける。「パリの名士」ヴェロン博士という訳だ。１８２３年には、王立美術館付医師に任命される。美術館に医師が必要とされるのか？　よく分からないのだが、名誉職的なポストではないかと推測される。

その後、コーマルタン通りに診療所を開くが、顧客に恵まれず医学を捨てる。いくら頭脳優秀で腕が良くてもゴーマンな性格では民間の診療所では務まらないだろう。よくある話ではないか。ただし、コーマルタン通りで咳止めの塗布薬を考案した薬剤師ルニョーと知り合い、ルニョーの死後、咳止め薬を事業化し、彼の巧みな宣伝能力のおかげで産を成すことになる。では、彼の宣伝能力とはどのようなものであったか？

それを知る手掛かりは、彼と同時代パリで活躍していた作家オノレ・ド・バルザックの小説『セザール・ビロトー　ある香水商の隆盛と凋落』の中にみられる。この香水商はハシバミの実を絞って抽出した油にすぎないものを育毛剤（セファリック油）として言葉巧みに売り出す。いかなる化粧品も毛髪を増やすことはできません、このことは科学アカデミーによって実証されております、と客観性を装いつつ、権威に訴え同業他社を撃つ。わが社の育毛剤は毛髪を増やすことはできませんが、今ある毛髪を守ることはできます、と正直さを装いつつ売り出す。

バルザックは社交界でパリの名士ヴェロン博士と知り合っているはずだ。彼の手口をヒントにこの小説を著したのであろう。ルイ・ヴェロンは元祖コピーライターであったのだ。

彼は医学を勉強中より、ギャンブルにのめり込み、またレストラン（今でこそ当たり前の業態だが、レストランは当時新たに出来上がったサービス業、個々の客の求めに応じて料理を提供してくれるサービスは、当時においては画期的なことであった）、劇場、カフェ等、当時の人気スポットに足繁く通う。ヴェロンにとっては、遊びも後の人生への投資となる。才能のある奴の人生とは、まあこんなものだろう。医学を捨てた後、ヴェロンはジャーナリズムと講演という二つの活動に身を投じ伸し上がっていく。政治評論家兼文芸評論家兼演劇評論家ヴェロン博士という訳だ。

１８２９年、演劇評論家として『メサジェ・デ・シャンブル』紙に参加。さらに自分自身の文芸雑誌『ルヴェ・ド・パリ』を創刊、作家への原稿依頼に奔走する。どうやら彼にとって、実業と文学に境界はなかったようである。

１８３１年2月28日パリ・オペラ座の経営を引き受けるため、25万フラン（約2億5千万円）の保証金を払い込み、支配人として6年契約を結ぶ。ただし、１８３５年に話し合いの結果、舞台装置家のデュポンシェルに席を譲る。ヴェロン在任期間中にオペラ座は採算の取れるビジネスとなる。

ちなみに、有名な東洋学者レミュザはヴェロンを次のように評している。「あの男はちょっとした才人で、悪いというよりも退廃的、そして退廃的なだけに自惚れの強い男だった」と。

ルイ・ヴェロンの人格はある部分、彼が育った時代背景とも深く関わる。彼の生れた年、１７９８年といえば、ナポレオンの時代、これが１８１５年まで続く。ナポレオンの時代とは、下克上、実力主義の時代、生まれは卑しく貧しくとも、能力を有し野心ある若者であれば、人を押しのけてでも出世が叶う時代であった。ナポレオン自身コルシカ島の貴族の家柄に生まれるも、フランス本国の貴族階級の中では傍流にすぎない。旧体制の下では軍隊における出世も限られたものであったろう。しかし、フランス革命により状況は一変する。彼は軍事的才能を発揮できる機会を得、頭角を現し将軍から皇帝にまで上り詰める。この時代、「ナポレオン」とは、たんなる個人名ではなく、出世主義者の若者にとってのシンボルと化す。

野心的な若者はみな渇望する。俺は政界のナポレオンに、財界のナポレオンに、文壇のナポレオンに、画壇のナポレオンに等々と。こうして、この時代、少々行儀は悪くても活気あふれる、野心家の青年にとっては生きやすい時代となる。ルイ・ヴェロンは少年時代にはそういった空気の中で育つ。だが、青年期に差し掛かるころには状況は一変する。彼が医学の勉強を始めた１８１６年にはナポレオンは没落し復古王政の時代に入っている。「ナポレオン」は禁句である。（今に例えるなら、就職試験で尊敬する人物は誰と問われ、ナポレオンと答えると、それだけで不可となってしまうような情況を考えてみよう。）このような時代にも隠れナポレオン・ファンは居た模様。彼らはいわば「遅れてきた青年」、世が世なら俺ももっとたやすく出世できたものを！　と歯ぎしりする。スタンダールの小説『赤と黒』の主人公ジュリアン・ソレルはそのような若者である。だがこの時代、革命前とは異なりこのような若者がまったく出世できない、というわけではない。お行儀よく要領よく立ち回れば、出世の糸口は掴めたのである。その糸口とは、社会制度としての「サロン」、それも有名人の主宰する「サロン」の存在である。とにかくどんな手を使ってでも「サロン」に潜り込むこと、そこで名を売り込み有名人とコネクションを築くこと、これが出世の糸口というわけである。

バルザックの小説『ペール・ゴーリオ』には、「サロン」に何とかして潜り込もうとあがく田舎貴族の息子（ラスティニャック）が登場する。彼などはパリによく生息する「有名になりたい病」患者の典型である。面白い小説ですよ、ぜひ読んでみて下さい。

ルイ・ヴェロンが隠れナポレオン・ファンであったかどうかは定かではない。しかし、持前の厚かましさと度胸の良さで「サロン」を有効活用したことは想像に難くない。したがって、ヴェロンがパリ・オペラ座の支配人に就任しようとしている時点で、彼はすでに「パリの名士」に成り上がっていたのであろう。

支配人のポストを下りた後の足跡を辿ってみる。１８４４年、新聞『コンスティテュショネル』を買収し主幹となる。新聞に連載小説を掲載し、発行部数を３０００から２００００に伸ばす。今では当り前のことだが、当時としては画期的な試みであった。つまりヴェロンは新聞連載小説の生みの親なのである。

第二帝政期、代議士として活躍、後に、自身の政治家たちへの奔走のかいあって、レジオン・ドヌール勲章を授与される。授与されるというよりも、厚かましくもぎ取ったという次第。

最後に、ルイ・ヴェロンと同時代、パリで活躍していた有名人を列記しておく。

ウジェーヌ・ドラクロワ（画家）１７９８～１８６３

オノレ・ド・バルザック（作家）１７９９～１８５０

ジョッキーノ・ロッシーニ（作曲家）１７９２〜１８６８

文化経済学講義7

オペラの誕生についての考察

19世紀に隆盛を極めたオペラだが、このような芸術形態が誕生したのはいつ頃のことであったか？その誕生の経緯を探ってみよう。まず、ルネッサンスという概念がオペラの誕生と深く関わる。イタリアでは14世紀頃から古代ギリシア、古代ローマの文化を再発見し、それを復興させようとする運動がおこる。それがルネッサンス（文芸復興）運動である。ジョットー、ダンテ、レオナルド・ダ・ヴィンチ、ミケランジェロ、ラファエッロといった天才たちはこの運動の中から生まれる。

オペラの誕生はルネッサンス後期、16世紀末から17世紀初頭にかけて、場所は北イタリア、フィレンツェにおいてのことであった。当時フィレンツェでは「カメラータ」と呼ばれる貴族・学者・知識人グループが文芸復興運動の一環として古代ギリシア・ローマの悲劇を復活蘇演させることを試みていた。

古代ギリシアでは、演劇は野外の円形型の劇場で演じられていた。ならば、役者たちは客席に声を届かせるためには、大きな声でゆっくりと抑揚をつけ、つまり歌うようにセリフを述べていたのではないか？　それなら一層のこと歌ってしまえ。楽器による伴奏も追加しようか。しかも古代ギリシア悲劇の台本には、主役、脇役以外に民衆がコロスという名で登場する。コロスは民の声を表す。コロスも歌わせようではないか。コロス転じてコーラスとなった次第。

こうしてオペラは、カメラータの面々の古代ギリシア悲劇に対する創造的誤解、妄想の産物として誕生した。オペラとは歌付き芝居のことだろ、と思われるかもしれない。しかしたんなる歌付きのお芝居ではないのですよ。歌付き芝居なら、それ以前より存在していた。中世の教会において演じられていた教訓劇として、あるいは民衆の娯楽劇として。

革新(イノベーション)とは、従来から存在していた形態あるいはモノを新たに組み合わせること(新結合)によって成就されるのだとJ.A.シュンペーターは述べている。シュンペーター風に述べると、オペラの誕生とは、古代ギリシア悲劇の復興というコンセプトの下、従来から存在するものが新たに結合された文化史上のイノベーションなのであると。

最初期のオペラで今日まで残り、しかも度々上演される作品はクラウディオ・モンテヴェルディ(1567~1643)作曲の《オルフェオ》(1607)である。ここで、《オルフェオ》のストーリーを手短に紹介しておこう。

半神半人のオルフェオはリラを奏で歌う音楽の天才、美しいエウリディーチェを娶り幸せいっぱい、というところから劇は始まる。だが、状況は急転直下(急転直下はオペラの常套手段、幸せいっぱいのままでは観客は眠り始める)エウリディーチェの死が知らされる。彼女は野原で毒蛇に噛まれ命を落としたとのこと。これは冥界の主プルトーネが「わしの妾に」と連れ去ったことを意味する。普通なら諦めるところだが、オルフェオはめげない。最愛の妻エウリディーチェを取り戻しに冥界へ行こうとする。だが、この世（此岸）とあの世（彼岸、冥界）とを隔てる三途の川が行く手を阻む。（古代ギリシアにも三途の川はあったのですね！）しかも、えらく怖そうな渡し守カロンテが船の前に立ちはだかる。だがオルフェオは歌によってカロンテを眠らせ船を奪い冥界にわたる。オルフェオはプルトーネとの交渉に入る。冥界の主プルトーネにも弱みがある。それは正妻プロセルピナの存在だ。夫が妾を囲うなんてムカつくわ、という次第で彼女はオルフェオの肩を持つ。「ねえ、返してあげなさいよ！」「うーん・・・しようがねえな、返してやるよ、だがな」とある条件を提示する。エウリディーチェは此岸に戻るまでオルフェオの後に付き従うはずだ、それは俺が保証する、だがお前は後を振り返ってはならぬ、振り返ったならば、この約束はチャラじゃ、と。

こうして、帰りの道を辿る二人、しかし、エウリディーチェは黙ってはいない。ねえねえ、あなた、どうしちゃったの？　どうして私を見てくれないの？　もう私を愛してないのね、等々、うるさくごちゃごちゃと話しかけてくるではないか。ついつい後を振り返ってしまうオルフェオ、男の弱さゆえ。その瞬間、ああ何ということでしょう！　エウリディーチェはオルフェオの視界から消え去りました。こうして約束はチャラになったのです。

失意のオルフェオは此岸に帰り嘆き悲しむ。そこに、父アポロが天界より舞い降り「我が息子よ、嘆くでない、私と一緒に天界に昇ろうではないか」とオルフェオを連れ去り、一応オペラはハッピーエンドで幕となる。

一応ハッピーエンドで幕と言った。しかし実際のギリシア悲劇では、此岸に戻ったオルフェオに嫉妬に狂ったバッカスの巫女たちが襲いかかり彼を引き裂く。オルフェオは惨殺死体となり地にばらまかれる。「天に昇ってお星さまになりました」とえらく違いますね。そう、ギリシア悲劇は血生臭いものなのです。

オルフェオの物語は何か人の心を打つ要素を備えているようだ。古事記にも、イザナギ、イザナミの物語にみられるように、亡くなった妻を求めて冥界に赴くエピソードがある。こういった次第で、オルフェオの物語は、モンテヴェルディ以降、幾多の作曲家、劇作家、作家や詩人、映像作家たちによって取り上げられてきた。ここでは有名な作品のみを列記してみよう。C．W．グルック作曲オペラ《オルフェオとエウリディーチェ》（１７６２）、J．オッフェンバック作曲オペレッタ《地獄のオルフェ》（１８５８）、ジャン・コクトー監督映画《オルフェ》（１９４６）、マルセル・カミュ監督映画《黒いオルフェ》（１９５９）等々。中でもオッフェンバックの作品は《オルフェオ》のパロディーとなっており興味深く面白い。講義Ⅸにて紹介する予定。

本来、オペラは王侯貴族の館で誕生したとても贅沢で高踏的な芸術ジャンルであったということを確認しておこう。したがって、オペラを王や貴族の居城で上演するということは、その王や貴族の文化レベルの高さを、威信を内外に示すことを意味し、彼らは競ってオペラ上演に散財した。ちょうどわれわれがブランド商品に憧れ買い求めようとするのと同様、このような行為のもたらす効果を「顕示効果」という。

文化経済学講義8
王侯貴族とオペラ

イタリアで誕生したオペラはその後急速にヨーロッパ諸国（フランス、イギリス、ドイツ連邦諸国、ハプスブルク帝国、東欧諸国、ロシア、北欧諸国等）の宮廷へと伝わっていく。講義7でも述べたように、宮廷でオペラを上演することは、その領主の文化レベルの高さと威信を誇示するものであったから。そこにおいて上演されたオペラを「オペラ・セリア」という。オペラ・セリアとは、正統派オペラ、真面目なオペラを意味する。

オペラ・セリアにおいては、神の「慈悲」「恩寵」「救済」を描くことによって、神＝君主の偉業、徳を称えるという意図を持つ。それはいわば「上から目線」的なオペラである。オペラのクライマックスには必ず取って付けたような救いの神が現れることになる。（ドラマとしてみると、とても安易な解決法ですな。）この救いの神をデウス・エクス・マキナ（機械仕掛けの神）という。デウス・エクス・マキナとは、我が国のテレビドラマの「水戸黄門」や「大岡越前」のような存在、仕掛けであります。必殺シリーズやなんかもその変種であるといえよう。

オペラ・セリアというものは、そのストーリーだけみると訓話じみており説教臭く今風にいえばウザい、退屈でしかも肩がこる。というわけで、幕間には肩をほぐすため、ちょっとした寸劇、コメディーが演じられるようになった。これが結構ウケて、ここにオペラ・セリアとは独立したオペラのお笑い路線が誕生する。これを「オペラ・ブッファ」という。いわば、オペラの「吉本」ですね。もう少し格調高くいえば、我が国の伝統芸能における、「能」に対する「狂言」のようなものである。それ以降オペラは真面目路線とお笑い路線に分かれて進化・発展していくことになる。

音楽史的に述べると、モンテヴェルディの《オルフェオ》はルネッサンス後期（16世紀末から17世紀初期）に属する作品である。その後、16世紀中葉から17世紀中葉にかけてバロック様式の時代となる。バロック様式とは、音楽だけではなく広く絵画、建築、彫刻、文学にまで及ぶ様式であり、講義1で説明済みだが再度解説しよう。バロック様式は過剰美に特徴付けられると述べた。では、なぜ過剰美か？それは、過剰に飾り立てることによって王侯貴族など権力者の富と威信を誇示し、民衆を畏怖させるためのトリックであり仕掛けである。「ドーダ！　恐れ入ったか！　俺様はエライんだぞー」と。

ヴェルサイユ宮殿に所蔵されているルイ14世の肖像画を観てみよう。何とケバいファッションか。ドーダ感がにじみ出ているではないか。しかも靴は上げ底。背を高く見せようとしているようだ。ルイ14世が着用している甲冑などから推定すると、彼は実際には意外と小男であったらしい。しかし、ルイ14世に謁見した人たちは、彼は大男であったと証言する。どうやら、バロック様式のトリックに騙されたらしい。バロック様式とは、そういうもの、実際以上に奥深く大きく見せかけるトリックなのである。

この手法は今でもオペラの舞台装置に応用されている。

バロック時代の著名な作曲家にはJ．S．バッハ、G．F．ヘンデル、ヴァイオリン協奏曲《四季》で知られるA．ヴィヴァルディ等が挙げられる。ヘンデルやヴィヴァルディは器楽作品に止まらずオペラ作品を多数手がけている。実際、彼の《四季》もオペラ作品からの転用なのである。

では、バロック・オペラとは、総合芸術としてみた場合、どのようなものであったのか？　そのストーリーだけを取り上げると、説教臭くとても退屈な代物だと先ほど述べた。しかし、舞台装置には様々な仕掛けが施されており、天井からゴンドラや馬車が舞い降りてきたり、奈落の底から怪物が這い出してきたりしてそれはもう大変、しかも、バロック様式の技法によって、舞台は実際よりも奥深く見えるように組み立てられている。音楽的には、ソプラノ歌手やカストラート歌手による超絶技巧歌唱のオンパレードという次第。（カストラートとは、去勢歌手のこと。美声で歌の上手い少年を、その親が一攫千金を夢見、去勢手術を受けさせてしまうのですね。今なら人権問題で許されないことでありますが。こうして少年が大人になると、運が良ければ、大スターが誕生する訳です。運が悪ければ、人生棒に振る。大スターになったカストラートについて述べると、体格は男の大人、やや肥満体、声域はソプラノの声域をカヴァーします。しかもその声は女性には出せないようなパワフルなものであります。この人間離れした歌唱力によって、カストラート歌手は英雄的な役を担います。）

こうした豪華絢爛な舞台装置、衣装、仕掛け、超絶技巧歌唱等々によって、王侯貴族連中は目の快楽、耳の快楽に酔い痴れていた、というのが実情である。

文化経済学講義9

市民社会とオペラ

バロック・オペラの時代（17世紀中葉から18世紀中葉）には、オペラの観客の多くは王侯貴族によって占められていたが、18世紀末から19世紀初頭にかけて、徐々に一般市民層にまで普及し始める。その背後にあるのはフランス革命による貴族階級の凋落、産業革命による新興ブルジョワジー（成金）の勃興である。新興ブルジョワジー、大ブルジョワたちは、稼いだお金を見栄え良く使いたい。ここに、お金をカッコよく使える場所への潜在的ニーズが生まれる。それがカジノであったりオペラ・ハウスであったりするわけだ。実際、オペラ・ハウスは、ヨーロッパ以外においても、急速に経済が発展した地域に出現するようである。19世紀末、アマゾンのジャングルの中央に位置する街マナウスにオペラ・ハウス（アマゾナス劇場）が建つ。その当時、街はゴム景気で賑わっており、成金さんが大量発生した模様、劇場は彼らのニーズに応える形で生まれた。（映画《フィッツカラルド》参照。）我が国でもオペラ専用の第二国立劇場が建てられたのは、バブル景気の終わった頃、１９９7年のことであった。経済が急速に発展していた韓国や中国でもその当時豪華なオペラ・ハウスが建つ。だが、課題が一つ生じる。

カジノでもよいのだが、カジノで遊ぶだけではあまり尊敬されない。やはり、オペラという貴族階級が所有していたブランド商品が欲しいのである。しかし悲しいかな、彼らには従来のオペラ（オペラ・セリア）を鑑賞できるだけの文化的教養が備わっていない。彼ら新興市民層のレベルに合わせたオペラ作品が望まれるわけである。とりわけ七月王政を担っている面々（赤字嫌いの大銀行家たち）にとってこの課題は切実だ。どうしてもパリ・オペラ座を黒字体質に変革したい。そのためには、新興市民層をオペラ座に呼び寄せるための手立てを考えなければならない。講義６で述べたように、ルイ・ヴェロンに白羽の矢が立つ。彼の経営戦略については次回に譲るとして、オペラ作品に関していえば、新しい種類のオペラ作品がヴェロンの手によって開発される。それを「グランド・オペラ（大オペラ）」という。

グランド・オペラとは、主として七月王政時代（１８３０～１８４８）にパリ・オペラ座で上演された大規模な五幕もののオペラ作品である。長大な上演時間、豪華な舞台装置（この部分はバロック時代のオペラの方式を踏襲）、二幕か三幕あたりにバレエシーンが挿入されなければならず、内容的には歴史劇という形をとる。（岡田暁生『オペラの運命』参照）。歴史劇というとお堅いイメージを連想させるが、実のところ当時（１８３０年代）の一般市民、大衆ならだれでも知っているお話がテーマである。ウィリアム・テルの話とか、ユグノー教徒虐殺事件、シチリア島での動乱等々、これらはわれわれ日本人には馴染みがないかもしれないが、当時のフランス人なら学校で習ったり、教会のお説教で耳にしたりする話なのである。ちょうどわれわれなら、赤穂浪士の討入り事件（忠臣蔵）とか、新選組の活躍、織田信長等戦国武将の活躍、源義経の物語がお馴染みであるように（だが待てよ、君たち学生には馴染みがないかもしれないが、お父さんやお爺さんらにはお馴染みであるように）である。つまり、日曜の夜8時、NHKで放映されている連続時代劇のオペラ版だと思えば納得。

たとえば、こうも考えられよう。タイタニック号の沈没が19世紀に起こった事件であるとしようか。映画《タイタニック》はそのままオペラ化されているのではないか。その場合、ヒーロー役のR．ディカプリオはテノール、ヒロイン役のケイト・ウィンスレットはソプラノ、敵役のビリー・ゼインはバスかバリトンとなろう。バーナード・ショーが指摘するように、「オペラとは、ソプラノとテノールが寝たがっているのを、バスかバリトンが邪魔をする話」であるから。しかも、沈没のシーンは最大の見せ場となろう。大管弦楽曲を伴奏に阿鼻叫喚の大合唱が鳴り響き、船体が二つに割れ奈落の底に沈んでゆく。要するに、映画《タイタニック》はオペラそっくり、というよりもオペラを模した映画なのである。

19世紀に開発されたグランド・オペラの精神は20世紀のハリウッド製大作映画に受け継がれたのだといえる。そのことは、20世紀前半、アメリカ合衆国で建てられた数々の映画館をみるとよく分かる。（アーティスト杉本博司は、古き良き時代のアメリカの映画館内部を撮影した写真集を刊行している。《BLACKS　ルイーズ・ニーヴェルスン／アド・ラインハート／杉本博司》DIC 川村記念美術館、参照。）シネコンしか知らない世代が驚くようなオペラ・ハウスそっくりの過剰美が施されている。スクリーンはむきだしではなく、その前に豪華な緞帳が垂れ下がっており、映画が始まると、オペラ同様にスルスルと巻き上げられてゆく。桟敷席も設けられている。

わが国でも同様かつて、オペラ・ハウス名を模した映画館が多数存在した。××スカラ座のように。スクリーンの前には緞帳が垂れ下がっている。ただし、緞帳には凸凹証券とか○×信用組合といったロゴが付けられており、それがちょっとわびしさを醸し出していたものだ。

19世紀も中葉に差しかかると、フランスなどでは市民社会が爛熟の様相を呈する。第二帝政期、ナポレオン3世統治下のパリでは、オッフェンバックの一連のオペレッタ作品が一世を風靡する。オッフェンバックは「ナポレオンの道化」とまで揶揄される。このような状況下では、パロディーがもてはやされる。7章で紹介した《オルフェオ》もパロディーの絶好の素材となる。オッフェンバック作曲《地獄のオルフェ》がそれである。

この劇においては、オルフェ（オルフェオ）とユリディス（エウリディーチェ）は相思相愛の仲ではなく、夫婦間には隙間風が吹きまくっている。そこに都合よく冥界の主プリュトン（プルトーネ）がユリディスを連れ去ってくれたではないか！　バンザーイ！　これで俺も自由の身だ、さあ独身生活を満喫してやるぞ、と欣喜雀躍のオルフェ。

だが上手くいかないものだ。怖い怖い「世論」なる人物が登場、「世論」は古代ギリシア悲劇における「コロス」の現代版、それがオルフェに説教し始めるではないか。「あなたはオルフェでしょ。オルフェならオルフェらしく振舞わなければなりませんよ。さあ、冥界へユリディスを取り返しに行くのです。」「世論」には逆らえない、オルフェは泣く泣く神々の長ジュピテルの下に陳情に行く羽目になる。トホホ、何が悲しいって、またあいつの顔を見るのがだよ。

陳情を聴くジュピテル、プリュトンはジュピテルの弟なのだ。「やくざな弟の奴め、人間界に無断外泊しおって。けしからん（上手くやりおって、うらやましい）。よし、地獄へ調査旅行と参ろうか。一体どんな美女をかっさらったのかな？」ジュピテルを取り巻く他の神々も叫ぶ。「天国にはもう飽き飽きしたよ、私たちも地獄に連れてって！」といった次第で、神々はジュピテルを先頭に地獄めぐり観光ツアーに繰り出す。ジュピテルは何とハエに変身し（鷲ではありませんよ）ユリディスを探り当て天国に連れ去ろうとするのだが、プリュトンに見つかりひと悶着、そこに「世論」やオルフェも絡まり落しどころを探る。いろいろあったあげく、ユリディスを「バッカスの巫女」に採用することでめでたく決着、フレンチ‐カンカンの大団円となる。（フレンチ‐カンカンの音楽は、我が国では小学校運動会の紅白玉入れゲームの音楽として知られていますね。この音楽を聴くと、つい玉入れゲームを連想してしまう、何と哀しい刷り込みでしょうか？　学生諸君、この刷り込みから脱却するために、もっと文化的教養を身に着けよう。）

文化経済学講義10
ルイ・ヴェロンの経営戦略

七月革命で政権を担った人たち（大ブルジョワ）はビジネスという観点からパリ・オペラ座の経営をみることができた、つまり政権担当者としてはオペラ・ハウスを文化経済学的視点からみることができた最初の人々であった。

ちなみに、パリ・オペラ座の経営を引き受けるにあたってルイ・ヴェロンが掲げたスローガンは「パリ・オペラ座をブルジョワジーのヴェルサイユに！」であった。

彼の経営戦略は以下の6項目からなる。

（1）　オペラ・ハウスの改装

＊6人用ボックス席を減らし、4人用ボックス席を増やす。（6人用はちょっと高額すぎオレには縁がないなと思い込んでいる人にも、4人用ならちょっと頑張れば手が出るかも？　と思わせるいやらしい価格設定。要するに、ブルジョワジーはみんな費用対効果（コスパ）に敏感、そこを狙った戦術。ブルジョワジーの習性を熟知したヴェロンならではの戦術である。）

＊ボックス席横の仕切りを撤去することにより、観客の自己顕示欲に応える。（おっ！　隣は美女同伴か。それなら俺も・・・）

＊暖房設備、照明設備の改善。（暖房のせいで換気が悪くなり女性を失神させてしまうケースがオペラ・ハウスでは散見されるので、そのような事態を回避する。まだこの時代、電気照明は存在せずロウソクかガス灯による、いずれにせよ火災が生じやすいので、防火に努める。つまり、安全に楽しめる娯楽施設を目指す。）

＊最上階のボックス席を廃止し、ギャラリー（天井桟敷席）に変え低料金で大衆に開放する。（金払いの悪い貧乏貴族を相手にするよりも、大衆相手の薄利多売方式の方が儲かる。「薄利多売」という20世紀のマーケティングを先んじて実践。では、どのような人たちが天井桟敷席に陣取ったのか？　一部は金のない音楽学生、その他本当にオペラ好きなパン屋や魚屋等々のオッサン、オバサン連中、いずれにせよ、彼らの方がボックス席にふんぞり返っている連中よりもオペラをよく理解していたのかもしれない。）

（2）　予約会員（定期会員）券の売上比率を引き上げる試み

興行は水物なので当たりはずれが激しい。経営を安定させるためには、確実に来場が見込まれる客層を確保しておくことが望まれる。その客層が定期会員なのである。現代の球場経営などにおいても実践されている手法。定期会員になられますと、このようなオイシイ特権（踊り子の楽屋に自由に出入りできる権利）がございますよ、と抜かりなくエサを播く。

（3）　サクラの利用

音楽業界の周辺にはこのような人種も生息していたらしい。オーギュスト・ルヴァスールという名のサクラの親分が居たことが判明している。彼の年収は今の日本円に換算すると約2千万、ええ仕事ですなあ。オペラ興業の当日、彼は派手なファッションで桟敷席に陣取る。子分どもはあちこちの席に散らばる。拍手したり歓声をあげたりする個所はリハーサルで予め決められており、その個所に達すると、野球の監督やコーチさながらに、子分どもにサインを送る。かくして、興行を成功に導くカンフル剤が効くという次第。どうしようもない駄作の場合は保証の限りではないが。このようにサクラも親分クラスともなると、リハーサルに立ち会ったりしなければならない訳であるから、かなりの音楽的素養が必要となる。音楽家クズレがしがみつく職場なのであろう。

ヴェロンはサクラを積極的に活用したようだが、サクラ制度はある種の問題点を抱え込んでいる。それはサクラを断った場合に生じる。彼らは「はい、そうですか、また次回よろしく」とおとなしく引き下がる連中ではない。飯の食い上げというわけで、今度は妨害工作に出る。野次を飛ばしたり、ガヤガヤ騒いだりして興行をぶち壊す。その被害に会った音楽家もいた模様である。

（４）　音楽ジャーナリストの買収

ジャーナリズムの世界に顔の利くヴェロンならではの裏対策、批評家を抱き込みホメホメ記事を書いてもらう。

（５）　オペラ座にカジノを併設

このアイデア自体はすでに先例がある。イタリアの辣腕興行師ドメニコ・バルバイヤがミラノ・スカラ座において実践した。カジノで遊ぶのではなく、カジノを経営できれば必ず儲かる。カジノの上りでオペラの制作費用を捻出するというアイデア、美しい花を咲かせるためには、多少の非倫理性を許容するも致し方なし、と割り切る覚悟。

（６）　グランド・オペラの開発

魅力的新製品の開発に相当する。彼の経営戦略中、この項目が最も核心的な部分であろう。

ある意味では、ルイ・ヴェロンは現代の消費経済理論における「バンドワゴン効果」「スノッブ効果」「ヴェブレン効果」という３つの効果を組み込んだ経営戦略を展開したのだといえる。

バンドワゴン効果とは、皆と同じで一緒であることが嬉しい、という心理を説明する理論、店の前に行列ができていると、つい並んでしまう、ベストセラーの本をつい買ってしまう、等々の現象を解明する概念である。

スノッブ効果とは、皆とは違うこのオレ様、オレ様だけの特別の何かを好む心理を説明する理論である。ちなみに、スノッブ（snob）とは、俗物、気取り屋、ええ恰好しいのこと。

ヴェブレン効果とは、高額商品やサービスを好む顕示的な人間心理を説明する理論である。ちなみに、ヴェブレンとは、19世紀末から20世紀初頭に活躍したアメリカの経済学者である（ソースティン・ヴェブレン著『有閑階級の理論』参照）。

① パリ・オペラ座という集客装置がバンドワゴン効果を生む。

② しかし、私は君たち一般客（一般大衆）とは違うんだ！　という特権階級意識、差別意識、プライドがスノッブ効果を生み、ボックス席への需要を高める。

③ しかも、ボックス席は高額である。高額なボックス席に座るこの私！　アッハッハッハ、愉快愉快！皆私を見なさい。高額を支払うことによって他者に見栄を張る、顕示効果すなわちヴェブレン効果

が生じる。

文化経済学講義録ｐａｒｔⅢ

文化経済学講義11

オペラ《カルメン》の考察（1）

1845年、プロスペール・メリメは小説『カルメン』を発表する。その小説が30年後、作曲家ジョルジュ・ビゼーらの手によってオペラ化される。どのような経緯でオペラ化されたのか？ それを述べる前に、まず、粗筋を要約しておこう。

「バスク出身の純朴な兵士ドン・ホセ、その階級は伍長であるが、駐屯地セビーリャで魅力ある謎めいたジプシー（ロマ族）の女カルメンに誘惑され、それがために軍律に逆らい、軍からの脱走を余儀なくされる。その後ホセはカルメンの手引きで密輸団に加わり犯罪に手を染めるものの、やがて彼女の心は別の男に移る。恋心を断ち切れないホセは執拗に付きまとい復縁を迫るが聞き容れられず、口論の果てに彼女を殺害するに至る。」

この粗筋は小説『カルメン』とオペラ《カルメン》との共通項を抽出し要約したものである。何やら何処でも起こりそうな三文記事めいた（実話風の）ストーカー殺人事件、このようなストーリーがどうしてオペラ化されることになったのか？　作曲家ジョルジュ・ビゼー、台本作家アンリ・メイヤック、リュドヴィク・アレヴィ、一体誰がオペラ化しようなどと言い出したのか定かではない。

このオペラが上演されたのは、パリ・オペラ座ではなく、オペラ・コミック座である。格式からいうとこのオペラ・ハウスはパリ・オペラ座に次ぐ第二の国立劇場であり、パリのプチブル市民の憩いの場、時としてお見合いの場としても利用される。上演されるのは主に甘いロマンチックなストーリー、ハッピーエンドの音楽劇なのである。そこにこんな物騒な劇を持ち込むなんて！　大事な善男善女のお客様が逃げ出すではないか！　何とかしろ！　支配人のアドルフ・ルヴァンは泣きつく。何とかしなければならない。何とかするのは台本作家の仕事である。

原作小説を読んでみる（工藤庸子訳『カルメン』新書館、参照）。この小説に登場する人物は皆とても性悪で柄の悪そうな連中ばかりである。まず、カルメンはセビーリャの煙草工場で働いている女工だが、スリ、殺人教唆、傷害、密輸、売春、不倫等々と、その罪状カタログは見事なものだ。相手役のドン・ホセも然り、上官殺害による軍隊脱走、強盗殺人、殺人（カルメンの亭主を殺害）、密輸、あげくの果てにカルメンを殺害といった次第で、純朴であっても、とても凶暴なお人柄である。他方、カルメンの浮気相手ルーカスもあまり冴えない闘牛士にすぎない。闘牛場で、スター気取りでカルメンに格好よく見せようとし、逆に牛に圧し掛かられるという失態をやらかす。その他、密輸団の面々も皆柄が悪い。オペラにおいては、彼らを更生させなくてはならない。
だがその前に、男どもを惹きつけるカルメンの魅力について、原作小説ではどのように語られているのか、引用してみよう。

「・・・わがボヘミア女はさほど完璧な美をほこるわけにはいかなかった。肌はなるほど滑らかだけれど、色合いが銅のようにくすんでいる。ちょっと眇のようであったが、それは驚嘆するほどみごとな切れ長の目であった。唇はやや肉厚とはいえ、形は申し分なく、むきたてのアーモンドのような純白の歯がこぼれて見える。髪の毛は見たところ強い感じだが、青みがかるほどに黒々とした鳥の濡れ羽色、しかも長くてつやつやと輝いている。あまり長ったらしい描写で読者をうんざりさせぬよう、ここで要約して言えば、ひとつの欠点にはかならずこれを補う美点があり、対照ゆえに美点のほうが際だつように思われるのである。不思議な、野性的な美しさであった。見た瞬間にはっとするタイプの顔で、しかもけっして忘れることができない。とりわけその目は、欲情と猛々しさを同時にたたえており、その後いかなる人間の目でも、あんな表情に出会ったことがない。ボヘミアンの目は狼の目—これはスペインのことわざだが、観察のするどさはなかなかのものだ。もし諸君が動物園にわざわざ出向いて狼の目を研究する暇がなかったら、せめてお宅の猫が雀をねらっているところを、とくとご覧になるがよい。」

なるほど、カルメンの美しさは、欠点を矯めることによって得られる美容整形的・平均的美女のそれではないのですね。卓見です。ドン・ホセはこういう女性に心ならずも惹かれることになる。ビゼーはこのような状況設定に音楽的説得力を持たせなければならない。第一幕、シーン5、Ｎｏ四ハバネラ、は引用文に対応したアリアなのである。アリアに付けられた歌詞は次のようなものである。

「恋はいうことを聞かない小鳥／飼いならすことなんか誰にもできない、いくら呼んでも無駄／来たくなければ来やしない。／おどしてもすかしてもなんにもならない。／お喋りする人黙ってる人／そのむっつり屋さんの方が気に入った／なんにも言わなかったけどそこが好きなの。／恋はジプシーの生まれ、／おきてなんか知ったことじゃない。／好いてくれなくてもあたしから好いてやる。／あたしに好かれたらあぶないよ！／鳥をまんまとつかまえたと思ったとたん／羽ばたいて飛んでいってしまった。／恋が遠くにいるときは待つよりほかないが、／待つ気もなくなったころまたやって来る。／あたりをすばやく飛びまわり、／行ったり来たり、また戻ったり、／つかまえたつもりがするりと逃げる／逃げたつもりがこっちがつかまえる。／恋はジプシーの生まれ、／おきてなんか知ったことじゃない。／好いてくれなくてもあたしから好いてやる。／あたしに好かれたらあぶないよ！」

カルメンは、最初の登場シーンにこういった歌詞内容のアリアをハバネラのリズムに乗せて歌う。小説ならじっくりと性格描写が試みられるところを、オペラでは最初に危ない妖しい自己紹介のアリアを歌わせ、観客にその性格を刻印付ける。誰にでもわかるように。これがオペラの手法なのである。

更生話に戻ろう。まずカルメンは、亭主のいない独身女に設定し直し、ホセとの関係は不倫ではなかったことにする。原作にあった強盗殺人事件はカットし、殺人教唆はなかったことにする。性格的には少々浮気性だが、売春は行わないものとする。しかも、喧嘩(ホセの恋敵の闘牛士との諍い)の仲裁に入るなどし、諍いは好まない性格に変更する。ただし、性格の激しさは残しておかなければカルメンらしさがなくなってしまう。したがって、煙草工場での傷害事件は残しておく。この事件がなければ、作劇上ホセとの関係が設定できないから。これで少しは一般市民層にも受け容れられるかな?

ドン・ホセもその性格を和らげることにする。軍隊脱走のきっかけとなった上官殺人は、上官との諍いに変更、カルメン殺害に至るまでは殺人は犯していなかったことにする。さらに、故郷のナバラには母親が決めた許嫁(ミカエラ)がいることにする。ここで、ミカエラという原作にはない人物を導入、彼女はカルメンとは対照的に清純派として造形する。オペラにはコントラストが必要だから。ミカエラはカルメンに執着するホセを、「お母さまが危篤よ」と説得し、一旦は彼を故郷に連れ帰る。「ハハキトク、スグカエレ」で帰ってしまうほど母親孝行な男なんですよ、といった次第。

柄の悪い密輸団の面々はどう処理しようか？　そうだ！　コミカルなタッチで、実際にはこんな愉快な連中なんですよ、と誤魔化してしまおうか。先例はオッフェンバックのオペレッタ《山賊たち》にあるではないか。

原作では冴えない闘牛士ルーカス、だがオペラでは客受けのため、カッコイイ俺様闘牛士エスカミーリョに変身させよう。かくして、「闘牛士の歌」が生まれる。派手な闘牛士エスカミーリョ対地味なドン・ホセというオペラ的な設定ができる。・・・これで何とかなりそうだ。

文化経済学講義12

オペラ《カルメン》の考察（2）

作曲家ジョルジュ・ビゼーは《カルメン》が初演された1875年6月に他界している。今回はビゼー没後にこのオペラが辿った成行きを述べてみる。なるほど初演は不評であったものの、その後ビゼーが没するまでに30回以上上演されていることから鑑みるに、フランスにおいてこの作品は徐々に受容されていった模様である。だから、ビゼーは必ずしも失意のうちに亡くなったわけではない。

同年8月には《カルメン》はウィーンで初演される。その際、オリジナルのオペラ・コミック《カルメン》に変更が加えられる。まず、ドイツ語版であるということ、さらにビゼーの親友エルネスト・ギローの手により台詞部分をレチタティーヴォに改めたグランド・オペラ形式のものとなる。（このことはビゼーも生前より了承済みのことであった。）つまり《カルメン》は軽妙洒脱オペラから豪華絢爛な重厚長大オペラに変身を遂げる。グランド・オペラ《カルメン》はウィーンで大ヒットする。作曲家ワグナーもワグナーと対立していた作曲家ブラームスも、ワグナーの思想に懐疑的になりつつあった哲学者ニーチェもこの作品に魅了された模様である。では、なぜこの作品がドイツ語圏の人々を魅了したのか？

陽光あふれるスペイン、鮮やかな原色に満ちた光景、それらを巧みに表現するオーケストラ・サウンド、直情径行な登場人物たち、これらは彼らが持ち合わせていなかった要因なのであり、それゆえ南方への憧れを刺激する。要するに、異文化に対するカルチャーショックのようなものを彼らにもたらした結果なのであろう。

その後、19世紀後半から20世紀前半にかけて、イタリア語、英語、スペイン語、ロシア語、ヘブライ語、日本語等々、様々な言語で上演され、世界中に普及していく。なぜこのような展開が可能であったのか？　それは《カルメン》というオペラが、フランス語固有のイントネーションに基づいて作曲されたのではなく、もっと万国共通な語法に基づいて作曲された作品であったから。したがって、様々な言語に翻訳されてもその魅力をあまり失わない。その意味ではオッフェンバックの一連のオペレッタ作品と共通するものがあるようだ。(実際、この作品にはオッフェンバックのエコーを聴き取れる箇所がある。シーン四　№一四　五重唱、参照。)

興行側の事情としては、オペラ・コミック形式よりもグランド・オペラ形式の方が格式が上であり、ブランドとして売りやすかったのであろう。19世紀後半から20世紀前半、その普及プロセスにおいては、製作者たちが打った様々な手立て、登場人物たちの性格の改変、新たな登場人物の創造、エキゾチズムをかきたてる仕掛け等々、つまり「見えざる手」の痕跡に相当する部分が功を奏したのである。こうして《カルメン》は古典化されてゆく。初演当時は、あんな女がオペラの主役になるなんて、と顰蹙を買っていた人物が今や「オペラといえば《カルメン》」という訳で、オペラの代名詞になる。だが同時に、古典化されることによって困った事情も生じる。初演当時に製作者たちが狙ったインパクトが薄れてしまったのだ。その件に関していえば、《カルメン》がオペラ・コミック形式で上演されてこそ生じるインパクトというものがある。(第一幕、シーン九、No.八 歌とメロドラマ、の箇所、参照。この箇所、中尉が傷害事件を犯したカルメンを取り調べる。中尉の取り調べは地のセリフで行われる。それに対しカルメンは歌で答える。そこに、いかにも小バカにしたような効果が生まれる。グランド・オペラ形式の場合、そのような効果は生まれない。)

そのようなインパクトを取り戻すべくドイツの演出家ヴァルター・フェルゼンシュタインは、1935年オペラ・コミック版《カルメン》を復活させる。これをきっかけに、《カルメン》演出の多様化が始まる。

特に20世紀後半になると、フェミニズムの動きなどと連動し、カルメン像の理想化が受容され始める。カルメンは悪女(ファム・ファタル)などではなく、自由を求め、すべてを自己決定できるイイ女であると。しかし、カルメンの人格的昇格はホセの人格的降格を伴う。ホセは因習に凝り固まったマザコンのダメ男であると。ダメ男に殺害され殉教者となるカルメン。製作者たちが初演当時、ホセの性格を和らげるために良かれと思って母親思いの人物に造形し直したことが、後世の時代の文脈の中でこのような否定的な解釈を生み出してしまったのである。さて、学生諸君はどう考えますか？　《カルメン》を鑑賞し、判断してください。

結局、小説『カルメン』のストーリーには人々を惹きつける要素が二つ潜んでいる。一つ、妖しげな女に翻弄され身を持ち崩す男の話には妙に身につまされる。これはファム・ファタルという要素、男の視線の産物である。二つ、自由に生きようとする女が因習に凝り固まったダメ男に殺められる話、つまり受難劇という要素、これは女性の視線の産物である。受難劇とファム・ファタル、これらは古来人々を惹きつける要素、『聖書』にも含まれているではないか。受難者キリスト、ヨハネ、ファム・ファタルであるサロメのように。したがって、製作者たちは原作に含まれていたこれらの要素を機敏に嗅ぎ当て、オペラに取り込んだのであろう。

文化経済学講義13

文化企業者S．ディアギレフの仕事（1）ディアギレフのバレエ・リュスとは？

その紹介、文化的インパクトについて

現時点においては、バレエというジャンルは、オペラや映画、演劇などと並んで、複数のタレントの協働作業によって成り立つお金のかかる芸術ジャンルの一つとしての地位を確立している。しかし、20世紀初頭の１９１０〜２０年代、バレエは時代遅れの芸術から突如脱皮し、文学、音楽、演劇、絵画等のあらゆる芸術ジャンルを超え、その時代の先端、前衛を担うトップ・ランナーに躍り出た。それも、一人のロシア人興行師S．ディアギレフ率いるロシア・バレエ団（ディアギレフのバレエ・リュス）の活躍のみによって成し遂げられたのである。当時西ヨーロッパでは、ディアギレフは最強の興行師、バレエ・リュスは最強のバレエ団と人々に認知されていた。バレエ団の興行地は主として西ヨーロッパ（フランス、イギリス、スペイン、ドイツ、イタリア等々）の諸都市、さらには北米、南米大陸の諸都市にまで及ぶ。ただし、彼らの祖国ロシアでの興行は一切行われていないことに注意しよう。

バレエ・リュスの活動期間は、１９０９年よりディアギレフが亡くなる１９２９年までの20年間、取り上げられた作品数は60作以上にも及ぶ。バレエ団の構成メンバーは比較的流動的であるが、活動期間

の初期には主としてロシア帝室マリインスキー劇場の所属メンバーによって占められていた。しかし中・後期になると、ロシア人以外にイギリス人やフランス人等、非ロシア人も参加し始める。その場合、彼等、彼女らもロシア・ブランドを守るため、ロシア風に名を改めることもあったらしい。そういう訳であるから、このバレエ団の公用語はロシア語である。

このバレエ団の演目には、チャイコフスキーの三大バレエのような古典バレエは原則として含まれてはおらず、新作の前衛バレエのみが取り上げられる。バレエ・リュスのバレエは単なる舞踊であってはならず、舞踊と音楽、舞台美術、衣装、ストーリー（文学）が高度に融合した総合芸術を志向すべきであり、しかもそれは時代を先取りし時代を切り拓く前衛運動であるべきだ、これがディアギレフの芸術理念なのである。

それ以前のバレエ作品の創作過程においては、音楽や美術、文学等はあくまで舞踊に奉仕する従属的な要素にすぎなかった。例えば、高名な作曲家であったP．チャイコフスキーといえども、バレエ音楽の作曲に際しては、振付師（コレオグラファー）マリウス・プティパの指示を仰がなければならなかった。それはちょうど映画製作過程において、監督の指示を仰がねばならない作曲家の立場と同じなのだ。

ところが、バレエ・リュスにあっては、舞踊以外の要素も舞踊と対等の地位に引き上げられ、時には逆に舞踊をリードする場合もあった。つまり作曲家や詩人、画家たちがコレオグラファーにクレームをつけることもありえた。つまりこのバレエ団では、舞踊以外の要素を担当する芸術家も尊重されたわけである。そのような事情ゆえ、当時のヨーロッパの名だたる高名な芸術家（作曲家、画家、詩人たち）がバレエ・リュスに参加、協力することになった。

ディアギレフに対しては、生前より世間から様々な異名が冠せられていた。「怪物（モンスター）」「最強の興行師」「ディレッタント」「天才を発見する天才」「詐欺師」等々。それゆえ、彼の名を知る人も数多い。クラシック音楽の愛好家ならば、ストラヴィンスキーやラヴェル、ファリャなどの音楽ソフトのライナーノーツで、バレエ愛好家ならば、現代のコレオグラファーの出自に関する記事やバレエの歴史に関する文献の中で、美術史に関心を持つ人ならば、ピカソやマティスの伝記の中で、文化史研究者ならば、20世紀初頭のヨーロッパの文化情況やロシア・アヴァンギャルドに言及された部分で、彼の名に遭遇する。しかし、人々の関心の対象はあくまで音楽作品や美術作品、さらには総体としての文化の潮流にあるわけだから、ディアギレフの仕事それ自体は人々の感性のアンテナには引っかからない。このことは常にディアギレフに付きまとうジレンマであろう。「ディアギレフの名は知っているが、彼はいったい何者だ？」と。

これにまつわる興味深いエピソードを紹介しよう。当時のスペイン国王アルフォンソ13世はバレエ・リュスのファンであり、大パトロンでもあった。ディアギレフとその一座がスペイン宮廷に招かれた折、王はディアギレフに尋ねられた。「ところであなたはこのカンパニーで何をしておられるのかね？　指揮をしておられるのではない、踊られるのでもない、ピアノを奏でるのでもない。一体、何をしておられるのか?」と。ディアギレフ曰く。「陛下、私は陛下と同じであります。働きません。何もいたしません。しかし、私は居なくてはならんのです」と。

アルフォンソ13世が観たものはすでに出来上がって舞台にかけられた作品である。完成された作品を分析しても抽出可能であるのは、ダンサー、コレオグラファー、作曲家、画家たちの仕事のみであり、ディアギレフの仕事ではない。（パンを作るためには酵母菌の働きが必要だ。しかし、出来上がったパンの中には生きた酵母菌は居ない。ディアギレフの仕事もそのようなものだ。）ディアギレフの仕事は作品が完成されつつあるプロセスの中でしか、確認、抽出できないのである。これは映画のプロデューサーの仕事にもいえること。つまり彼らの仕事とは、純粋な企業者の仕事に相当する。純粋な企業者は、生産活動をするのではなく、異分野を仲介することによって創造（この場合は、新しい前衛バレエの創造）に寄与する。ディアギレフが居ることによって、異分野のタレントが彼の周りに集う。これをカリスマ性ともいう。彼の周りに集ったタレント達が互いに相互交流することによって、新しい作品が生み出される。その作品中には、当然、ディアギレフの芸術理念が反映されることになる。これがディアギレフの仕事という訳だ。

S．ディアギレフの仕事の意味を把握するためには、文化史の資料や文献の渉猟に加えて、経済学における企業者論の成果を適用してみることが要求されるのである。

文化経済学講義14

文化企業者ディアギレフの仕事（2）具体的内容の紹介

バレエ・リュスの活動期間は以下の3期に分けられる。第1期は１９０９～１９１３年、第2期は１９１４～１９２１年、第3期は１９２１～１９２９年、となる。

第1期は、「ベル・エポック末期」「ロシア・ブームの旋風」「フォーキン、ニジンスキーの時代」といった言葉で特徴付けられる。この期はパリ・シャトレ座での公演によって始まる。しかし、ロシア帝室におけるディアギレフの支持者ウラジミール・アレクサンドロヴィッチ大公の死によって、ロシア政府の支援が受けられなくなり、商業バレエ団としての活動を余儀なくされる。

ダンサーたちは帝室マリインスキー劇場所属のメンバーをシーズン・オフに借り受けるという形で調達する。したがって、彼等はシーズンが始まると帰国することになる。ディアギレフとしては、自分のバレエ団専属のダンサーを確保したいわけであり、それゆえ１９１１年、自身のバレエ団を設立し、多くの優秀なダンサーを専属として確保することになる。ところでなぜ、彼ら彼女らは帝室マリインスキー劇場所属ダンサーという地位（国家公務員という安定した地位）を捨てディアギレフとの契約に応じたのか？（ヒントは、興行地がパリという当時の文化・芸術の中心地であったというところにある。）誰だって己の才能に自信があれば、中心地で勝負したくなるではないか。

第１期の主要作品を紹介しておく。

１９０９年

《ポロヴェッツ人の踊り》　作曲：ボロディン、振付：M．フォーキン、美術：N．レーリヒ

男性ダンサーたちによる野性的かつダイナミックな踊りにパリの観客はカルチャーショックを受ける。

当時のパリでは、男性ダンサーの役割は、どちらかというと女性ダンサーの支え役的なものが多く、こういった攻撃的なものは眼にしたことがなかった。ただし、この作品はディアギレフ・バレエ団のための書下ろし作品ではなく、オペラ《イーゴリ公》中の野営のシーンに基づく。

《クレオパトラ》　作曲：A．S．アレンスキー、A．S．タネーエフ他、振付：フォーキン、　美術：レオン・バクスト

クレオパトラに扮して舞台上でただ寝そべっているだけのイダ・ルビンシュタインの姿態にパリの男性客たちは悩殺される。イダ・ルビンシュタインはロシアのユダヤ系大富豪の

娘、スタイル、ルックスともに抜群であり自身バレエの世界に憧れるものの、惜しいことにバレエの訓練は受けていないので踊ることはできない。ディアギレフとしては、彼女の外形から察するに何か使い道があるのでは？　という次第でバレエ団に同行させる。使い道がここにあった訳だ。彼女はこうして時代の潮流に乗る。ルビンシュタインは聡明かつ抜け目のない女性でもあり、このバレエ団で興行の手法を学んだ後、自らのバレエ団を設立、ディアギレフの強力なライヴァルとなる。

１９１０年

《火の鳥》作曲：ストラヴィンスキー、振付：フォーキン、美術：A．ゴロヴィン

20世紀を代表する作曲家ストラヴィンスキーはこの作品で西ヨーロッパにデビュー、振付は今日のミュージカルを先取りしたようなスタイル。手塚治虫の『火の鳥』はこの作品に触発されたコミックである。

１９１１年

《薔薇の精》作曲：C．M．ウェーバー、H．ベルリオーズ（編曲）、振付：フォーキン、美術：バクスト

ニジンスキー扮する薔薇の精の両性具有的なコスチューム、その驚異的跳躍力にパリの観

客は仰天。

《ペトルーシュカ》作曲：ストラヴィンスキー、振付：フォーキン、美術：A．ブノア

非常に演劇的なバレエが出来上がる。今日でも多くのバレエ団で取り上げられる人気演目。人形（ペトルーシュカ）に人間の魂が宿ってしまったがために生じる悲劇は妙に人の心を打つ。人形をAIロボットに置き換えると、今に通じるテーマとなろう。例えば、カズオ・イシグロの小説『クララとお日さま』参照。

1912年

《牧神の午後》作曲：ドビュッシー、振付：ニジンスキー、美術：バクスト

ニジンスキーがコレオグラファーとしてデビュー、自らが振付け牧神に扮して踊るも、その舞踊がスキャンダルを引き起こす。スキャンダルの内容については、次回に紹介する予定。

文化経済学講義15

文化企業者ディアギレフの仕事（3）

『ル・フィガロ』編集長ガストン・カルメットの《牧神》評、弾劾記事を以下に紹介しておく。

「ゆうべシャトレ座にいた読者は一人残らず、私同様、あの常軌を逸した見世物に憤慨しているにちがいない。彼らはあらゆる芸術と想像力の技巧で粉飾をほどこし、あたかもまじめな作品であるかのように、大胆不敵にもあの見世物をわれわれの前に差し出した。・・・

この作品は、美しい牧歌でも、深遠な意義を有する作品でもない。われわれが見せられたのは、卑猥で野獣的な動きを見せ、露骨にみだらな身振りをする好色な牧神である。ただそれだけなのだ。あの不格好な野獣の演技は、前から見るとむかつく。だが横から見るともっとむかつく。」（リチャード・バックル著、鈴木晶訳『ディアギレフ—ロシア・バレエ団とその時代—上巻』リブロート、１９８４年、261ページ。）

ガストン・カルメットといえば、プルーストがその作品『失われた時を求めて』を捧げたほどの教養人であり、分別をわきまえた人物であった。つまり、そのような分別あるオジサンをムカつかせたことになる。

オレにも言わせろとディアギレフも反論記事を書く。彫刻家ロダンもニジンスキーを擁護する。ここから、この作品を巡ってのスキャンダルが沸き起こる。興行師ディアギレフにとってスキャンダルはある意味望むところだ、無視されるよりはるかに良い。これは芸術か？　猥褻か？　どれどれ私が判断してあげようかね、と多くの詮索好きな連中がシャトレ座にやって来る。

１９１３年　《春の祭典》作曲：ストラヴィンスキー、振付：ニジンスキー、美術：ニコライ・レーリヒ
後世、音楽作品としては20世紀を代表する傑作と評価されるも、初演時には賛否両論で客席は騒然となる。今回もまたスキャンダルという次第。

１９０９年の興行は文化事業としては華々しい成功を収めるも、ビジネスとしては莫大な赤字を抱え込む。にもかかわらず、ディアギレフが事業を続行できた背後には、多数の資金援助者の存在がうかがえる。ディアギレフは、パリをはじめとする西ヨーロッパ諸都市のサロンでの巧みな社交活動で芸術愛好家のパトロン、パトロネスを見出し、活動資金を調達する。ちなみに、作曲家ドビュッシーはディア

ギレフの巧みな説得術を、皮肉を込めて次のように記している。「石をも踊らしめるディアギレフ」と。

第２期に話題を移そう。第２期（１９１４～１９２１）には、第１次大戦とロシア革命に見舞われる。大戦の勃発によって、ディアギレフは祖国ロシアとの交流が図れなくなり、ロシアからの人材調達がままならなくなる。その結果、西ヨーロッパ諸国の芸術家たちとの提携が始まる。作曲家Ｒ．シュトラウス、Ｏ．レスピーギ、Ｍ．ファリャ、Ｅ．サティ等、画家ピカソ、マティス、マリー・ローランサン等、詩人ジャン・コクトー等が加わる。さらに、ロシア革命によりバレエ団のロシア人メンバーたちは国籍を喪失する。これらの事情ゆえ、バレエ団から徐々にロシア色が薄れ、前衛活動は「モダニズム」路線へと切り替わってゆく。もちろん、ディアギレフ自身も目端の利く興行師であるから、いつまでもロシア色だけが売り物のエキゾチズム路線ではやってはゆけないとわきまえており、新しい前衛路線を模索することになる。それがこの期の特徴である。

この期の主要作品のみを列記しておく。

《ヨセフ伝説》（１９１４）、《パラード》（１９１７）、《風変わりな店》（１９１９）、《三角帽子》（１９１９）、《プルチネッラ》（１９２０）。とりわけ、《三角帽子》は、作曲ファリャ、振付レオニード・マシン、美術ピカソ、というスタッフで、前衛性と大衆性とが両立した作品となり、大ヒットする。さらに、イギリスでスペインブームを引き起こす。

第3期（1921～1929）はアヴァンギャルドの時代と定義される。この時代を代表する振付師としては、B．ニジンスカ、G．バランシンらが挙げられる。20年代に入ると、ディアギレフも前衛の新作バレエの制作に少々疲れてくる。ちょっと一服、古典バレエで経営を安定化させてみるか？といった次第で、《眠れる森の美女》を興行にかけてみるとこれが大失敗、多額の損失を被ることになる。この痛い体験で開き直り、これ以降アヴァンギャルド路線を邁進する。第3期の代表作としては、《結婚》（1923）、《鋼鉄の歩み》（1927）、《放蕩息子》（1929）等が挙げられる。《放蕩息子》には、画家G．ルオーが協力している。

1929年8月19日、ディアギレフはヴェネツィアのホテルで「祝祭と饗宴の人生」を閉じる。死因は糖尿病の悪化であったらしい。シャンパンとチョコレートが好物であった彼らしい死に様といえる。

市場と文化・芸術を巡る物語
文化経済学講義
芸術性と市場性の相剋

2023年4月30日発行　著　者　塩田眞典
発行者　向田翔一

発行所　株式会社22世紀アート
〒103-0007
東京都中央区日本橋浜町 3-23-1-5F
電話　03-5941-9774
Email: info@22art.net　ホームページ：www.22art.net

発売元　株式会社日興企画
〒104-0032
東京都中央区八丁堀 4-11-10 第2SSビル 6F
電話　03-6262-8127
Email: support@nikko-kikaku.com
ホームページ：https://nikko-kikaku.com/

印刷
製本　株式会社 PUBFUN

ISBN：978-4-88877-197-9